ADMINISTRATION

PROVINCIALE

D'ALSACE.

RÉSULTAT DES OPÉRATIONS
DE LA COMMISSION

INTERMÉDIAIRE PROVINCIALE D'ALSACE;

ET DE LEUR INFLUENCE

SUR LE MONTANT DES IMPOSITIONS

DE L'ANNÉE 1789.

Pour fervir de fuite au Précis qu'Elle a publié le quinze février dernier.

A STRASBOURG,

DE L'IMPRIMERIE DE FRANÇOIS LEVRAULT,

IMPRIMEUR DE L'ASSEMBLÉE PROVINCIALE.

M. DCC. LXXXIX.

RÉSULTAT DES OPÉRATIONS

DE LA

COMMISSION INTERMÉDIAIRE PROVINCIALE

D'ALSACE.

Le terme des travaux de la COMMISSION INTERMÉDIAIRE s'approche. Elle a indiqué, au mois de février paſſé , la marche qu'elle a ſuivie dans ſes opérations ; elle doit aujourd'hui le compte de leur réſultat.

Le deſir de ſoulager ſes concitoyens a été ſon ſeul guide : leur reconnoiſſance eſt la ſeule récompenſe qu'elle veut mériter. Elle ne l'attend pas de l'énumération faſtidieuſe des obſtacles & des dégoûts qu'elle a éprouvés. Peu jalouſe de la devoir à la multitude de ſes travaux , elle ne veut l'obtenir que de leur efficacité.

Sans entrer dans des détails minutieux , la Commiſſion intermédiaire ſe bornera à l'expoſé fidèle & raccourci d'une partie des avantages que ſes concitoyens ont retirés de ſon adminiſtration ; & elle ne leur diſſimulera pas que l'avenir leur en promet de plus grands encore.

Satisfaite d'être parvenue à poſer les baſes de la proſpérité future de la province , les lumières qu'elle a acquiſes guideront ceux qui lui ſuccèderont dans la carrière épineuſe qu'elle a parcourue, pour en achever l'édifice , & elle s'honorera d'avoir commencé leur ouvrage.

Une répartition des impoſitions , plus juſte & plus proportionnée aux véritables facultés des contribuables ; une ſurveillance plus immédiate ſur les dépenſes intérieures de la Province, ont été le principal but de l'établiſſement des Aſſemblées provinciales. Des raiſons généralement connues, ont empêché la Commiſſion intermédiaire de s'occuper efficacement de la première partie; & c'eſt ſur la ſeconde qu'elle a a été réduite à porter la majeure partie de ſes ſoins.

On connoît, dans la province, différentes ſortes d'impoſitions : les unes ſont fixes ou abonnées, & ſe verſent au tréſor royal, comme la ſubvention & ſes acceſſoires, la capitation & ſes acceſſoires, & les vingtièmes ; d'autres ſont variables, déterminées annuellement & employées à l'acquittement de dépenſes qui ſe font dans la province, dans l'année même où elles ſont impoſées, comme les fourrages & l'impôt repréſentatif de la corvée ; d'autres, enfin, également variables, ne ſont que des rembourſemens aux Receveurs des finances, des avances qu'ils ont faites dans l'année précédente pour l'acquittement des dépenſes intérieures de la province, comme les frais d'adminiſtration, les frais communs généraux & particuliers.

C'eſt par la comparaiſon du montant & de l'emploi de ces différentes impoſitions, dans la préſente année, avec celui des années précédentes, qu'il ſera poſſible d'apprécier le mérite des travaux de la Commiſſion intermédiaire, & de connoître au juſte la portée des économies qu'ils ont produites.

IMPOSITIONS FIXES.

LA ſubvention eſt fixée annuellement à une ſomme de 300,000 liv.; & ſes acceſſoires n'ont point varié depuis l'époque de leur création.

La Commiſſion intermédiaire a cependant obtenu du Gouvernement la décharge annuelle d'une ſomme de 30,000 liv., impoſée, acceſſoirement à la ſubvention, ſous la dénomination d'*épis du rhin*, ſur les repréſentations détaillées dans le Précis qu'elle a publié (*a*).

La capitation n'a éprouvé, depuis vingt ans, que de ſi légers changemens, qu'on peut également la regarder comme fixe, & ſon montant, dans cette année, eſt le même que celui de l'année dernière. Les

---

(*a*) Voyez *Précis*, page 25 à 28.

acceſſoires de cette impoſition n'ont pas varié, ainſi que ceux de la ſubvention, depuis leur création.

Les Vingtièmes ſont abonnés, & par conſéquent, invariables.

Enfin, on croit pouvoir ranger, dans la claſſe des impoſitions fixes, celle des fourrages, parce qu'elle ſe trouve acquittée, dans la préſente année, ſur le pied de l'abonnement propoſé par le Miniſtre à la Commiſſion intermédiaire, & qu'elle ne s'étoit pas crue autoriſée à accepter (*b*). Cet abonnement porte l'impoſition des fourrages, pour l'année préſente, à la ſomme de 840,864 liv. Elle s'étoit montée, en 1785, à 1,500,000 liv.; en 1786, à 1,459,144 liv. 3 ſ. 4. den.; en 1787, à 1,400,671 liv. 17 ſ. 2 den. En 1788, la Commiſſion intermédiaire deſira ſéparer le montant des fourrages effectifs d'avec les objets étrangers qui y étoient compris, & en conſéquence, elle porta ſur le bordereau des frais communs généraux, une ſomme de 288,634 liv. 13 ſ. 1. d., ſous la dénomination d'objets retirés de l'impoſition des fourrages. Par cette opération, cette impoſition fut réduite, pour ladite année, à la ſomme de 1,074,700 liv., dans laquelle étoit compris le rembourſement de quelques ſommes antérieurement empruntées malgré l'énorme accroiſſement de cette impoſition.

On voit donc, qu'en prenant pour échelle de comparaiſon l'année 1788, c'eſt celle qui doit préſenter les réſultats les moins avantageux.

D'après ces données, on peut former le tableau ſuivant :

TABLEAU comparatif des impoſitions fixes de la Province d'Alſace, des années 1788 & 1789.

	ANNÉE 1788.			ANNÉE 1789.		
	liv.	ſ.	d.	liv.	ſ.	d.
SUBVENTION	300,000	″	″	300,000	″	″

(*b*) Voyez *Précis*, page 33.

	ANNÉE 1788.			ANNÉE 1789.		
	liv.	*f.*	*d.*	*liv.*	*f.*	*d.*
De l'autre part	300,000	≠	≠	300,000	≠	≠
Accessoires de la Subvention. Épis du Rhin	30,000	≠	≠	≠	≠	≠
Supplément des gages des officiers du Conseil Souverain d'Alsace	1,516	16	≠	1,516	16	≠
Solde de Milice	152,161	5	≠	152,161	5	≠
Abonnement des droits de Courtiers-Jaugeurs, &c.	33,333	6	9	33,333	6	9
Maréchauffée	65,643	≠	≠	65,643	≠	≠
Mendicité	23,000	≠	≠	23,000	≠	≠
CAPITATION	610,570	19	2	610,570	19	2
Accessoires de la Capitation. Gages des Officiers du Conf. Souverain	52,425	≠	≠	52,425	≠	≠
Rembourfem.' des quittances de finance, provenant de la liquidation des offices du Conseil Souver. d'Alface .	47,958	≠	≠	47,958	≠	≠
Abonnement des droits fur l'amidon, la poudre, papier, &c.	65,527	≠	≠	65,527	≠	≠
Canaux de Picardie & de Bourgogne .	6,703	≠	≠	6,703	≠	≠
Gages des Huiffiers du Conseil d'État .	390	≠	≠	390	≠	≠
Vingtièmes	739,800	19	4	739,800	19	4
Fourrages	1,074,700	≠	≠	840,864	≠	≠
TOTAL des Impofitions fixes . . .	3,203,729	6	3	2,939,893	6	3
Impofitions de l'année courante . .	2,939,893	6	3			
Moins impofé en 1789	263,836	≠	≠			

La Province éprouve donc une décharge réelle fur les impofitions fixes, de la fomme de 263,836 liv., provenant, d'une part, de la fuppreffion de l'impofition des Épis du Rhin, & réfultant de l'autre, du projet d'abonnement pour l'impofition des fourrages.

IMPOSITIONS VARIABLES.

L'IMPÔT repréfentatif de la corvée, recouvré en 1788, s'eft monté à la fomme de 649,001 liv. 5 f. 8 d., ainfi que la fixation en avoit été faite, dès l'année précédente, par M. l'Intendant. Cette fomme avoit été deftinée aux travaux de l'année 1787 ; mais le changement de régime les ayant retardés, il n'y eut que celle de 66,329 liv. 8 f. (*a*) qui fut payée, en indemnités des ouvrages faits en cette année, aux entre-preneurs que M. l'Intendant en avoit chargés, & dont les marchés ont été réfiliés. Les comptes de l'emploi du furplus de cette fomme ont déjà été publiés (*b*) par aperçu.

La Commiffion intermédiaire ne répètera pas les obfervations qu'elle a déjà détaillées dans fon Précis (*c*) ; elle fe bornera feulement à obferver, que, s'il eft poffible de juger de l'avenir par le paffé, on doit croire, que, dans les années fuivantes, le montant de l'impofition, déterminé par M. l'Intendant, n'auroit éprouvé aucune diminution. Celle que la Commiffion intermédiaire eft parvenue à y faire, peut donc être regardée comme une économie réfultante de fon adminiftration ; parce que, fi d'une part la réduction des travaux projetés a caufé en partie celle de la dépenfe, l'économie dans l'exé-cution y a auffi beaucoup contribué (*d*) ; & retarder une conftruction que les circonftances ne néceffitent pas, eft un bienfait pour des peuples déjà furchargés d'impofitions.

Les frais communs généraux de 1785, ont été de 519,531 l. 18 f. 3 d.; ceux de 1786, de 532,852 liv. 17 f. 11 d.; ceux de 1787, de 568,126 l. 8 f.; ceux de 1788, de 561,747 liv. 14 f. : tandis que ceux de la préfente année, qui ne font que les rembourfemens des fommes dépenfées en l'année dernière, ne fe montent qu'à la fomme

---

(*a*) Voyez *Précis*, page 84.
(*b*) Voyez *Précis*, page 63 & fuiv.
(*c*) Voyez *Précis*, page 38 & 39.
(*d*) Voyez *Précis*, page 39.

de 219,813 liv. 4 f. 6 den. Cette diminution fi confidérable eft entièrement le fruit des opérations de la Commiffion intermédiaire. Elle provient:

1.º De ce qu'une partie des travaux d'épis, dont la province fupportoit autrefois les frais, ont été conftruits à ceux du Roi, ainfi que cela fe trouve détaillé dans le Précis, pag. 25 à 28;

2.º De ce que les épis qui ont été faits par économie en 1788, n'ont coûté à la province qu'environ le tiers de ce qu'ils coûtoient antérieurement, fuivant les détails mentionnés au Précis, pag. 47 & fuiv.

3.º De l'économie introduite dans plufieurs autres parties de dépenfes, mifes à la charge des frais communs généraux;

4.º De la fuppreffion de plufieurs objets abufifs.

D'un autre côté, M. l'Intendant avoit à fa libre difpofition le montant des excédens des vingtièmes & de la capitation, qui font un objet de 24,264 l. pour la capitation, & de 18,547 liv. 19 f. 4 den. pour les vingtièmes. Quelques petites dépenfes étoient affignées fur ces fommes; le reftant fervoit à l'acquittement d'une partie de fes frais de bureaux, & à des gratifications extraordinaires. La Commiffion intermédiaire a fait verfer ces deux fommes entre les mains du Receveur des finances, chargé de faire l'avance des frais communs généraux, à compte de cette même impofition, & a porté, fur l'état de ces frais, toutes les dépenfes fixes, auxquelles elles étoient deftinées, de forte que tout le furplus a tourné à la décharge des contribuables. Le montant des frais communs généraux de l'année 1788, eft donc réellement de 261,625 liv. 3 f. 10 den., quoique l'impofition ne foit que de 219,813 liv. 4 f. 6 den.

La Commiffion intermédiaire va en donner l'état, ainfi qu'elle s'y eft engagée par fon Précis, pag. 42; & elle s'applaudit de pouvoir offrir à fes concitoyens des réfultats plus avantageux que ceux qu'elle ofoit fe promettre à l'époque de fa publication.

ÉTAT

Des avances faites par le sieur Démougé, Receveur des finances, d'après les ordres de la COMMISSION INTER-MÉDIAIRE, pour le paiement des frais communs généraux, qui ont eu lieu dans la province d'Alsace, pendant l'année 1788, & dont le remboursement s'effectue en l'année 1789, en conformité de l'Arrêt du Conseil d'État du Roi, du 21 Août 1789.

ÉPIS DU RHIN.

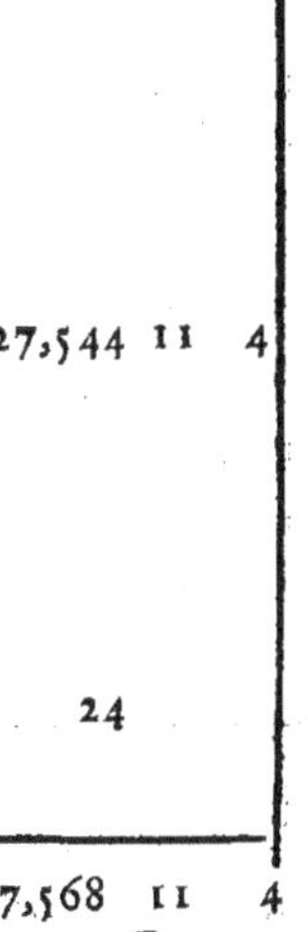

	Liv.	S.	D.	Liv.	S.	D.
PAYÉ au sieur Charpentier, entrepreneur des fortifications du Fort-Louis, pour solde de compte des travaux qu'il a exécutés à Dahlhunden, la somme de vingt-sept mille cinq cent quarante-quatre livres, onze sous, quatre deniers, ci	27,544	11	4			
Plus, au sieur Pettmesser, bailli de la Wantzenau, pour vacations au sujet de la désignation des îles, où les fascines pour lesdits travaux ont été exploitées, la somme de vingt-quatre livres, ci	24					
Plus, au sieur Chambron, pour journées par lui employées à une						

	Liv.	S.	D.
	27,568	11	4

	Liv.	S.	D.		Liv.	S.	D.
De l'autre part . . .	27,568	11	4				
fourniture de 60,000 piquets & clayons pour les travaux de coupures, exécutés à Dahlhunden, la fomme de quatre-vingt-feize livres, ci . .	96						
(*a*)	27,664	11	4		27,664	11	4
A-compte payé par la province en 1787, ci	13,000						
Montant defdits travaux pour le compte du Roi, ci	34,239	⸗	8				
	74,903	12	⸗				
Payé au fieur Charpentier, entrepreneur des fortifications du Fort-Louis, pour parfait paiement des fafcines & clayons, livrés à pied-d'œuvre des travaux ordonnés par le Génie, au Fort-Louis, & tranfport des matériaux, fournitures de graviers, &c., la fomme de quarante-un mille trois cent huit livres fix fous, ci	41,308	6					
Plus, à différentes communautés de la province, pour fournitures de fafcines fervant aux travaux d'é-							
	41,308	6			27,664	11	4

(*a*) Cette fomme, jointe à celle de 13,000 livres, payée par la province en 1787, forme la fomme de 40,544 liv. 11 f. 4 d., mife à fa charge; fuivant *Précis*, pag. 57. Ces travaux ont été faits antérieurement à l'adminiftration de la Commiffion intermédiaire, & elle n'a fait que pourvoir à leur paiement, après les avoir fufpendus.

	Liv.	S.	D.	Liv.	S.	D.
Ci-contre	41,308	6		27,664	11	4

pis, faits aux environs du Fort-Louis par le Corps royal du Génie, la fomme de trois mille deux cent quatre-vingt-treize livres, dix-fept fous, dix deniers, ci . . . . . — 3,293 | 17 | 10

Plus, au fieur Rondouin, pour folde de compte des travaux par lui exécutés en 1787 & 1788, aux épis du Rhin, pour la confervation des fortifications de la ville de Strasbourg, la fomme de huit mille deux cent foixante-feize livres, dix-neuf fous, onze deniers, ci . . . — 8,276 | 19 | 11

Plus, au fieur Breck, entrepreneur des fortifications du Neuf-Brifack, pour parfait paiement de fes prétentions, concernant la conftruction de l'épi ordonné par le Génie à l'île de Kaishaag près le Fort-Mortier, la fomme de vingt-huit mille huit cent foixante-feize livres, dix fous, un denier . . . . . — 28,876 | 10 | 1

Plus, au fieur Kœringer, pour journées & vacations par lui employées à la défignation des îles & coupes de fafcines, la fomme de cent vingt livres, ci . . . . . — 120

| | 81,875 | 13 | 10 | 27,664 | 11 | 4 |

	Liv.	S.	D.	Liv.	S.	D.
De l'autre part . . .	81,875	13	10	27,664	11	4

Plus, au fieur Thévenin, pour journées par lui employées à la vifite, exploitation, & dénombrement de fafcines, la fomme de foixante livres, ci . . . . **60.**

Plus, à la ville du Vieux-Brifack, à MM. les barons de Girardi, à Saasbach, à la communauté de Marckolsheim, aux fieurs Weifs & Thévenin, propriétaires de l'île dite Steingrün, pour livraifon de fafcines, bottes & clayons, employés aux travaux d'épis, faits dans l'île de Kaishaag, la fomme de neuf cent vingt-cinq livres un fou cinq deniers, ci **925 1 5**

Plus, au fieur d'André de Nambs-heim, au collége royal de Colmar, aux communautés de Feffenheim, Blodelsheim, Harten, & à la ville de Neubourg en Brisgau, pour toccage fait en 1788, à raifon de trois livres le cent de fafcines, piquets, & clayons, livrés au fieur Breck, pour différens travaux exécutés dans l'arrondiffement du diftrict de Colmar, la fomme de mille cent

	82,860	15	3	27,664	11	4

	L.	S.	D.		L.	S.	D.
Ci-contre	82,860	15	3		27,664	11	4
foixante livres fix fous, ci . .	1,160	6					
(*a*)	84,021	1	3		84,021	1	3

Plus, au fieur Demougé, curé à Offendorff, pour les travaux d'épis qu'il a dirigés audit lieu pendant l'année, la fomme de dix-neuf mille livres, ci **19,000**

Plus, au fieur Schæffer, prévôt de la Wantzenau, pour les travaux d'épis, exécutés fous fa direction, audit lieu, pendant l'année 1788, la fomme de neuf mille cent livres, ci . **9,100** **9,100**

Plus, à la charge du bailliage de la Wantzenau, pour fa contribution du tiers de la dépenfe totale, la fomme de fix mille foixante-fix livres, treize fous, quatre deniers, ci **6,066 13 4**

Plus, à la charge de la communauté de la Wantzenau, pour fa contribution du fixième de la dé-

	L.	S.	D.		L.	S.	D.
	15,166	13	4		119,785	12	7

(*a*) Ces différentes fommes ont fervi, en partie à acquitter des ouvrages exécutés antérieurement à l'arrangement fait avec le Roi par la Commiffion intermédiaire, & qui par leur nature ne tomberont plus à l'avenir à la charge de la province; & en partie, des ouvrages faits dans l'année précédente, & qui auroient dû être acquittés fur les fonds de cet exercice. D'un autre côté, la Commiffion intermédiaire faifant exécuter tous ces ouvrages par économie, ils font liquidés à fur & mefure de leur conftruction; & il réfulte de cette manière d'opérer, que l'on connoît toujours exactement la portée des travaux qui ont été faits, & qu'on ne verra pas reparoître dans les années fuivantes des répétitions pour des travaux qui n'exiftent quelquefois plus.

	Liv.	S.	D.		Liv.	S.	D.
De l'autre part	15,166	13	4	139,785	12	7
penfe totale, la fomme de trois mille trente-trois livres, fix fous, huit deniers, ci	3,033	6	8				
Plus, au fieur Kauffmann, prévôt de Rhinau, pour les travaux d'épis exécutés fous fa direction audit lieu, pendant l'année, la fomme de cinq mille cinq cents livres, ci . . .	18,200	=	=				
	5,500	=	=	5,500	=	=
Plus, pour les mêmes travaux, à la charge de la ville de Rhinau, pour fa contribution de moitié auxdits épis, la fomme de cinq mille cinq cents livres, ci	5,500	=	=				
	11,000	=	=				
Payé au Bureau intermédiaire du diftrict d'Huningue, pour dépenfes faites aux travaux exécutés fous fa direction, fur le Rhin, la fomme de trois mille livres, ci . . .	. . . . . .			3,000	=	=
Plus, au Bureau intermédiaire du diftrict de Colmar, pour la confection de l'épi fur l'Ill, à Iffenheim, la fomme de foixante-dix livres, ci .	70	=	=	70	=	=
Plus, à la charge de la communauté dudit lieu, pour fa contribution de la moitié à la dépenfe totale, la fomme de cent quarante livres, ci	140	=	=				
	210	=	=	148,355	12	7

Plus,

	Liv.	S.	D.	Liv.	S.	D.
Ci - contre :	210	=	=	148,355	12	7
Plus, à la charge du bailliage d'Iffenheim, pour le huitième, la fomme de trente-cinq livres, ci . .	35	=	=			
Plus, à la charge du bailliage de Rouffach, auffi pour le huitième, la fomme de trente-cinq livres, ci . .	35	=	=			
	280	=	=			
Payé au fieur Pronfal, pour journées par lui employées au nettoyement des chemins de halage, la fomme de cent cinquante livres, ci				150	=	=
Plus, audit fieur Pronfal, pour journées employées à la défignation des îles qui ont fourni les fafcines, fervant tant au Fort-Louis qu'aux coupures de Dahlhunden, la fomme de trois cent neuf livres, ci				309	=	=
Plus, au fieur Weyh, pour journées par lui employées à la vifite, exploitation & dénombrement de fafcines, la fomme de quinze livres, ci				15	=	=
TOTAL des travaux d'épis				148,829	12	7

PONTS ET PONTCEAUX.

	Liv.	S.	D.
Payé au fieur Arnold, charpentier, pour réparations par lui faites au pont de Killftett, la fomme de cent foixante-quinze livres, ci	175	=	=
	175	=	=

C

	Liv.	S.	D.
De l'autre part	175	=	=

Plus, au sieur Boch, charpentier, pour les deux ponts du village d'Andolsheim, la somme de cinq cent cinquante livres, ci . . . . | 550 | = | = |

Plus, à la veuve d'André Pfrimmer, adjudicataire, pour rempiéter le pont de la Zembs, sur la route de Strasbourg à Bâle, au-dessus de la Krafft, la somme de trois mille deux cent soixante-six livres, treize sous, quatre deniers, ci . . . . | 3,266 | 13 | 4 |

Plus, au sieur Wenger de Wasselonne, adjudicataire, pour parfait paiement du prix de la construction du pont de maçonnerie en pierre de taille, au passage du Landgraben, entre les villages de Killstett & Bettenhoffen, la somme de sept mille sept cent vingt livres, ci . . . . | 7,720 | = | = |

Plus, à M. Barth, bailli du département de Haguenau, la somme de quatre cent trente-quatre livres, qu'il avoit avancée pour réparation faite au pont de Rombœchel, ci . . . . | 434 | = | = |

Plus, au Bureau intermédiaire de Haguenau, pour réparations exécutées par le nommé Charles Binder,

| | 12,145 | 13 | 4 |

	Liv.	S.	D.
Ci-contre	12,145	13	4

au pont fitué fur la route de Haguenau à Surbourg, au paſſage du ruiſſeau dit Leimenbaechel, la ſomme de cent quarante-quatre livres, ci . .

	Liv.	S.	D.
. . . . . .	144	⸗	⸗

Plus, au Bureau intermédiaire du diſtrict de Séleſtatt, pour la reconſtruction faite ſous ſa direction, du pontceau fitué fur la route de Strasbourg à Paris, par la vallée de Schirmeck au bas de Lützelhauſen, la ſomme de ſoixante-quatorze livres, dix-huit ſous, ci . . . .

	Liv.	S.	D.
. . . . . .	74	18	⸗

Plus, au nommé Niſt, charpentier, pour réparations par lui exécutées au pont fitué entre Seltz & Schœnenbourg, la ſomme de deux cent vingt-neuf livres, onze ſous, ſix deniers, ci . . . .

	Liv.	S.	D.
. . . . . .	229	11	6

Plus, au nommé Hickel de Hatten, charpentier, pour réparations au pont fitué fur la rivière dite Surbach, près de Kœnigsbruck, la ſomme de vingt-ſept livres, ci . . . . . .

	Liv.	S.	D.
. . . . . .	27	⸗	⸗

Plus, au fieur Savaguer, architecte de Lauterbourg, pour des réparations par lui exécutées à diffé-

	Liv.	S.	D.
	12,621	2	10

	Liv.	S.	D.	Liv.	S.	D.
De l'autre part	.	.	.	12,621	2	10
rens pontceaux & gargouilles du diſtrict de Wiſſembourg, la ſomme de cent trente-ſix livres, deux ſous, ci	.	.	.	136	2	=
Plus ; au ſieur Heverlé de Lembach, pour des réparations par lui exécutées au pont ſitué ſur le ruiſſeau dit Emibaechel, dans le village de Lembach, la ſomme de ſix cent douze livres, quatre ſous, deux den., ci	.	.	.	612	4	2
Plus, au ſieur Schmuck de Soufflenheim, pour réparations par lui exécutées au pont ſitué ſur la route du Fort-Louis à Haguenau, la ſomme de cent dix-huit livres, ci .	.	.	.	118	=	=
TOTAL du prix des conſtructions & réparations de ponts & pontceaux . . . . . . (*a*)				13,487	9	=
BATIMENS.						
PAYÉ au ſieur Boudhors, architecte, pour plans détaillés, devis & état eſtimatif du projet de l'établiſſement du Directoire & de l'Aſſemblée provinciale, la ſomme de trois cents livres, ci	300	=	=	300	=	=
	300	=	=	300	=	=

(*a*) Dans l'état des frais communs de l'année précédente, cet objet de dépenſe ſe monte à la ſomme de 14,852 liv. 17 ſ. 5 d. Ainſi, l'économie faite par la Commiſſion intermédiaire, ne tient aucunement à avoir moins fait dans cette partie.

	Liv.	S.	D.	Liv.	S.	D.
Ci - contre	300	≠	≠	300	≠	≠
Plus, à la charge du Directoire de la Nobleffe, la fomme de trois cents livres, ci	300	≠	≠			
Payé au fieur d'Ixnard, architecte, pour lui tenir lieu d'honoraires & rembourfement des frais faits au fervice de la province, dans le courant de l'année, la fomme de trois mille livres, ci	600	≠	≠			
				3,000	≠	≠
Plus, audit fieur d'Ixnard, pour réparations faites, tant aux écuries de l'hôtel du Gouvernement, qu'à celui de M. de la Salle, la fomme de deux mille huit cent quatre-vingt-neuf livres, dix-neuf fous, ci (*a*) .	2,889	19	≠			
Plus, à la veuve Nagel de Strasbourg, pour ouvrages de maçonnerie, faits aux hôtels de MM. les Commandans de la province, la fomme de cinquante-fix livres, dix-huit fous, cinq deniers, ci	56	18	5			
	2,946	17	5	2,946	17	5
TOTAL des frais de bâtimens . . .				6,246	17	5

(*a*) Ces frais étoient de la plus grande urgence, quoiqu'on trouve fur le dernier état des frais communs une fomme de 22,141 liv. 2 fous, payée pour *frais relatifs aux réparations faites à l'hôtel du Commandant & à celui de l'Intendant.*

Liv. S. D.

LOGEMENS ET USTENSILES.

PAYÉ au fieur Receveur des deniers patrimoniaux de la ville d'Huningue, pour débourfés relativement au logement meublé pour un Officier - général divifionnaire, la fomme de fix cent cinquante livres, ci . . . . 650 = =

Plus, aux brigades de la Maréchauffée de la haute & baffe Alface, pour logement pendant l'année, la fomme de mille neuf cent foixante-cinq livres, ci . . . . 1,965 = =

Plus, aux Officiers fupérieurs des régimens en garnifon en Alface, & autres, pour logement & uftenfiles, la fomme de treize mille fept cent vingt-fept livres, onze fous, huit deniers, ci 13,727 11 8

TOTAL des débourfés pour logemens & uftenfiles . . . . (a) 16,342 11 8

(a) Ces fommes s'acquittent fur des états arrêtés par le Miniftre, & fournis par Monfieur l'Intendant.

	Liv.	S.	D.

TIRAGE DE LA MILICE.

PAYÉ à M. Cappe, Commissaire ordonnateur des guerres, pour la levée de cent cinquante hommes, à dix livres l'un, la somme de mille cinq cents livres, ci . . . . **1,500** = =

Plus, à M. Baudouin, Commissaire des guerres à Huningue, pour la levée de cent hommes, à dix livres l'un, la somme de mille livres, ci . . . . **1,000** = =

Plus, au sieur Remy, chirurgien à Colmar, pour visiter, en haute Alsace, les jeunes gens qui prétendoient être exempts du tirage pour cause d'infirmités, la somme de trois cent trente livres, ci . . . . **330** = =

Plus, au sieur Lombard, chirurgien à Strasbourg, chargé de la même opération en basse Alsace, la somme de trois cent soixante livres, ci . . . . **360** = =

Plus, aux différentes brigades de la Maréchaussée de la haute Alsace, chargées d'accompagner le Commissaire, & d'assister aux tirages pour y maintenir la police, la somme de quatre cent trente-trois livres, ci . . . . **433** = =

3,623 = =

		Liv.	S.	D.
De l'autre part		3,623		

Plus, à celles de la baſſe Alſace, pour *idem*, la ſomme de trois cent ſoixante-ſept livres, ci **367**

TOTAL des frais pour le tirage de la Milice . . . . (*a*)   **3,990**

DÉLIMITATION *du cours du Rhin.*

PAYÉ au ſieur Noblat, fils, pour appointemens à lui fixés pour la déli-mitation du Rhin pendant l'année 1788, la ſomme de cinq mille liv., ci **5,000**

Plus, au ſieur Pétin, fils, géo-mètre, employé à la commiſſion des limites du Rhin, tant pour paiement du reliquat de deux cent quinze livr., dix ſous, de l'année 1787, que pour celui de cinq mille deux cents arpens levés l'année dernière, à raiſon de cinq ſous l'un, la ſomme de mille cinq cent quinze livres, quinze ſous, ci **1,515 15**

TOTAL des frais de la Délimi-tation du cours du Rhin . . . . (*b*)   **6,515 15**

(*a*) Le Gouvernement ayant ſuſpendu le tirage de la Milice, cette dépenſe ne ſe trouvera pas ſur l'état des frais communs de cette année.

(*b*) On doit eſpérer de voir réduire ces frais à l'avenir.

CHAMBRE

	Liv.	S.	D.	Liv.	S.	D.

CHAMBRE des Confultations.

PAYÉ la fomme de cinq mille huit cents liv. à la Chambre royale des confultations , établie à Colmar , compofée des fieurs

	Liv.	S.	D.	Liv.	S.	D.
ANTOINE				1,200		
ALBERT				1,200		
BARRET				1,200		
RICHARD				1,200		
COQUERILLE , Secrét. Greffier				1,000		
TOTAL du traitement de la Chambre des confultations . . .		. . . *(a)*		5,800		

PÉPINIÈRES.

PAYÉ au fieur Pronfal , pour fes appointemens en qualité d'Infpecteur des Pépinières , la fomme de fix cents livres , ci 600

Plus , au nommé Villemaire , pour fes gages comme jardinier de la Pépinière de Colmar , la fomme de quatre cents livres , ci 400

Plus , à l'Hôpital de cette ville , pour loyer d'une partie de l'empla- 1,000

(a) Ces frais font fixés à 7,000 liv. ; mais l'un des avocats qui compofent la Chambre des confultations , étant mort , & n'ayant pas encore été remplacé , la dépenfe ne s'eft montée qu'à 5,800 liv.

	Liv.	S.	D.	L.	S.	D.
De l'autre part				1,000		
cement de ladite Pépinière, la fomme de quarante livres, ci				40		
Plus, au nommé Jean Widderlé, pour fes gages comme jardinier de la Pépinière de Colmar, la fomme de trois cents livres, ci				300		
Plus, au nommé Jofeph Babo, pour fes gages comme jardinier de la Pépinière de Béfort, la fomme de deux cent cinquante livres, ci				250		
Total des frais de Pépinières . . . . . *(a)*.				1,590		

POLICE DES GRAINS.

	Liv.	S.	D.	L.	S.	D.
Payé aux employés de la police des grains, pour leurs appointemens des mois de novembre & décembre de l'année 1788, la fomme de cinq mille quatre cent deux livres, quatorze fous, huit deniers				5,402	14	8
Total de la police des grains . . . . . *(b)*.				5,402	14	8

Indemnités pour caufe d'incendie.

	Liv.	S.	D.	L.	S.	D.
Payé à Jofeph Rolly de Meyenheim, la fomme de trois cents livres .	300			300		
	300			300		

(*a*) Ces frais font du nombre de ceux qui s'acquittoient fur les excédens des vingtièmes & de la capitation.

(*b*) Ces frais feront beaucoup plus confidérables en l'année 1789, parce que l'exportation n'ayant été défendue qu'en novembre 1788, il n'y a que les frais des deux derniers mois qui tombent à la charge de cet exercice.

	Liv.	S.	D.		Liv.	S.	D.
Ci - contre	300				300		
Sur la paroiffe, celle de cent livres, ci	100						
	400						
Plus, à Jofeph Reibel & confors, d'Orfchwiller, la fomme de quatre cent treize livres, quatre fous, ci ..	413	4			413	4	
Sur la paroiffe, celle de cent trente-fept livres, dix-huit fous, ci . .	137	18					
	551	2					
Plus, à Louis Dick d'Oberbronne, la fomme de trente-fept livres, dix fous, ci	37	10			37	10	
Sur la paroiffe, celle de douze livres, dix fous, ci.	12	10					
	50						
Plus, à George Locher de Bils-heim, la fomme de cent vingt-neuf livres, cinq fous, ci	129	5			129	5	
Sur la paroiffe, celle de quarante-trois livres, un fou, huit deniers, ci .	43	1	8				
	172	6	8				
Plus, à George Filier de Vautier-mont, la fomme de deux cent vingt-cinq livres, ci	225				225		
Sur la paroiffe, celle de foixante-quinze livres, ci	75						
	300				1,104	19	

	Liv.	S.	D.	Liv.	S.	D.
De l'autre part	. . . . . .			1,104	19	
Plus, à Joseph-Aimé de Breitenau, la somme de soixante-quinze livres, ci	75			75		
Sur la paroisse, celle de soixante-quinze livres, ci	75					
	150					
Plus, à Jean Bonnat de Vautiermont, la somme de soixante-quinze livres, ci	75			75		
Sur la paroisse, celle de vingt-cinq livres, ci	25					
	100					
Plus, à Jean Tacquart, de Vautiermont, la somme de quatre-vingt-dix livres, ci	90			90		
Sur la paroisse, celle de trente livres, ci	30					
	120					
Plus, à Nicolas Tacquard de Vautiermont, la somme de trente livres, ci	30			30		
Sur la paroisse, celle de dix livres, ci	10					
	40					
Plus, à George Tacquard, de Vautiermont, la somme de trente-sept livres, dix sous, ci	37	10		37	10	
				1,412	9	

	Liv.	S.	D.	Liv.	S.	D.
Ci-contre	37	10		1,412	9	
Sur la paroiſſe, celle de douze livres, dix ſous, ci	12	10				
	50					
Plus, à Jean-George Jung de Langenſulzbach, la ſomme de dix-huit livres, ci	18			18		
Sur la paroiſſe, celle de ſix livres, ci .	6					
	24					
Plus, à Joſeph Lindecker de S. Léger, la ſomme de cent ſoixante-douze livres, dix ſous, ci . . .	172	10		172	10	
Sur la paroiſſe, celle de cinquante-ſept livres, dix ſous, ci	57	10				
	230					
Plus, à Jean-Pierre Bezé de Bethonvilliers, la ſomme de deux cent vingt-cinq livres, ci	225			225		
Sur la paroiſſe, celle de ſoixante-quinze livres, ci	75					
	300					
Plus, à Jean Witeberg, de Lagrange, la ſomme de ſoixante-quinze livres, ci	75			75		
Sur la paroiſſe, celle de vingt-cinq livres, ci	25					
	100					
Plus, à Jean Hoog de Nieder-						
				1,902	19	

	Liv.	S.	D.	L.	S.	D.
De l'autre part	. . . .			1,902	19	
michelbach, la fomme de trois cents livres, ci	300			300		
Sur la paroiffe, celle de cent liv., ci.	100					
	400					
Plus, à Louis Brunette le jeune, de Breitenau, la fomme de cent quarante-huit livres, dix fous, ci . . .	148	10		148	10	
Sur la paroiffe, celle de quarante-neuf livres, dix fous, ci . . .	49	10				
	198					
Plus, à Jofeph Gaffer de Sewen, la fomme de quatre-vingt-dix liv., ci.	90			90		
Sur la paroiffe, celle de trente liv. ci.	30					
	120					
Plus, à Antoine Koller, de Lützelhauffen & Netzenbach, la fomme de cent livres, ci	100			100		
Sur la paroiffe, celle de trente-trois livres, fix fous, huit deniers, ci . .	33	6	8			
	133	6	8			
Plus, à André Prévôt, de Lützelhauffen & Netzenbach, la fomme de quatre-vingt-deux livr. dix fous, ci	82	10		82	10	
Sur la paroiffe, celle de vingt-fept livres, dix fous, ci	27	10				
	110					
Plus, à Nicolas & Elifabeth Trotzier				2,623	19	

	Liv.	S.	D.		Liv.	S.	D.
Ci-contre	.	.	.		2,623	19	
de Naſsweiler , la ſomme de deux cent trente-ſept livres, dix ſous, ci . .	237	10			237	10	
Sur la paroiſſe , celle de ſoixante-dix-neuf livres, trois ſous quatre den. ci	79	3	4				
	316	13	4				
Plus , à Joſeph Steibe , d'Ebersheim , la ſomme de trois cent quatre-vingt-douze livres , quinze ſous , ci .	392	15			392	15	
Sur la paroiſſe , celle de cent trente livr. dix-huit ſous, quatre deniers, ci .	130	18	4				
	523	13	4				
Plus, à François-Antoine Hummel , la ſomme de deux cent cinquante livres, ci	250				250		
Sur la ville d'Andlau , celle de quatre-vingt-trois livres, ſix ſous, huit deniers	83	6	8				
	333	6	8				
Plus à Marguerite Sukler , née Hummel , la ſomme de cent cinquante livres, ci	150				150		
Sur la ville d'Andlau , celle de cinquante livres, ci	50						
	200						
Plus , à Chrétien Schwanger de Grendelbruch , la ſomme de cent quatre-vingt-douze livres, ci	192				192		
					3,846	4	

	Liv.	S.	D.	Liv.	S.	D.
De l'autre part	192			3,846	4	
Sur la paroisse, celle de soixante-quatre livres, ci	64					
	256					
Plus, à Chrétien Antoine de Grendelbruch, la somme de cent onze livres, dix-huit sous, ci	111	18		111	18	
Sur la paroisse, celle de trente-sept livres, six sous, ci	37	6				
	149	4				
Plus, à André Séel de Grendelbruch, la somme de cent six livres, dix sous, ci	106	10		106	10	
Sur la paroisse, celle de trente-cinq livres, dix sous, ci	35	10				
	142					
Plus, à Sebastien Gross de Grendelbruch, la somme de cent livres, ci .	100			100		
Sur la paroisse, celle de trente-trois livres, six sous, huit deniers, ci .	33	6	8			
	133	6	8			
Plus, à Marie-Anne Vüllard de Rougegoutte, la somme de dix-huit livres, quinze sous, ci	18	15		18	15	
Sur la paroisse, celle de six livres, cinq sous, ci	6	5				
	25					
Plus, à Thiebault Guenot, de Rougegoutte,				4,183	7	

	Liv.	S.	D.		Liv.	S.	D.
Ci-contre	. . . . . .				4,183	7	
Rougegoutte , la somme de neuf cents livres, ci	900				900		
Sur la paroisse , celle de trois cents livres , ci	300						
	1,200						
Plus , à Jacques Borhauer , de Blaesheim , la somme de mille six cent sept livres, dix sous, ci	1,607	10			1,607	10	
Sur la paroisse, celle de cinq cent trente-cinq liv. seize sous, huit den., ci.	535	16	8				
	2,143	6	8				
Plus, à Thiebault Wolff de Blaesheim , la somme de mille cent cinquante-deux livres, dix sous, ci .	1,152	10			1,152	10	
Sur la paroisse, celle de trois cent quatre-vingt-quatre livres, trois sous, quatre deniers , ci	384	3	4				
	1,546	13	4				
Plus , à Catherine Bornique , de Béthonvilliers , la somme de six cent soixante-quinze livres , ci	675				675		
Sur la paroisse, celle de deux cent vingt-cinq livres, ci	225						
	900						
Plus , à Jacques Flach de Weinbourg , la somme de trois cent trente-une livres, deux sous , ci .	331	2			331	2	
					6,849	9	

	Liv.	S.	D.		Liv.	S.	D.
De l'autre part.	331	2			6,849	9	
Sur la paroiſſe, celle de cent dix livres, ſept ſous, quatre deniers, ci .	110	7	4				
	441	9	4				
Plus, à Jacques Stahl de Gerſt-heim, la ſomme de deux cent ſept livres, quinze ſous, ci	207	15			207	15	
Sur la paroiſſe, celle de ſoixante-neuf livres, cinq ſous, ci . . .	69	5					
	277						
Plus, à Marie Riche, veuve de feu Jacques Riche de Joncherey, la ſomme de quatre-vingt-ſept liv., dix ſous, ci	87	10			87	10	
Sur la paroiſſe, celle de vingt-neuf livres, trois ſous, quatre den., ci.	29	3	4				
	116	13	4				
TOTAL des indemnités pour cauſe d'incendies			(a)		9,234	14	

(a) Il n'a été payé dans l'exercice précédent qu'une ſomme de 6,836 liv. 1 ſ. pour indemnités pour cauſe d'incendies, d'épizooties, d'inondations, & autres fléaux publics. La Commiſſion intermédiaire a penſé, que tous ceux qui éprouvoient des pertes de cette nature, devoient avoir part à ces ſoulagemens dans une égale proportion, afin d'éviter l'arbitraire qui dirigeoit ces ſortes de faveurs. Elle a ſuivi les mêmes principes pour les épizooties, & autres indemnités, détaillées dans le chapitre ſuivant, & elle a cru que la munificence de la province devoit s'étendre à tous ceux qui méritoient des ſecours, ſans que la crainte de les trop multiplier dût l'arrêter.

AUTRES. INDEMNITÉS.

PAYÉ à Marguerite Jelly de Zinsweiller, dont le   *Liv. S. D.*
mari a été affaffiné, la fomme de trente-fix livres, ci · · 36 ·

Plus, à Jofeph Marx & Ignace Buchmann, de
Reichshoffen, pour malheurs effuyés par une chute,
la fomme de cent cinquante livres, ci 150

Plus, au fieur Oglon, pour malheurs qu'il a effuyés, la fomme de foixante-douze livres, ci . . 72

Plus, à Pierre Guittard, le vieux, de Bellemagny,
pour l'indemnifer de la perte qu'il a faite d'un cheval,
au fervice du Roi, la fomme de cent livres, ci . 100

Plus, à François Nonn, pour *idem*, la fomme
de foixante-douze livres, ci 72

Plus, à M. le Baron de Berckheim, feigneur de
Schoppenwihr, pour l'indemnifer de la perte qu'il
a effuyée dans fes biens, par la grêle qui eft tombée
le 17 juillet 1787, la fomme de cent cinquante-une
liv., neuf fous, huit deniers, ci 151 9 8

Plus, au Syndic de la Municipalité de Hœrdt, pour
diftribuer aux fupplians de ladite communauté, en
dédommagement de la perte qu'ils ont effuyée par
une épizootie, tant pour débourfés faits pour médica-
mens, que pour le bétail crevé, péri & abattu,
la fomme de cinq mille cent cinquante-cinq livres,
trois fous, quatre deniers, ci 5,155 3 4

Plus, au fieur Zimmermann, maître de pofte   ————
à Afpach, pour avoir fourni un fecond cheval,   5,736 13

Liv. S. D.

De l'autre part 5,736 13

pendant l'année 1787, la fomme de cent trente livres,
ci 130

Plus, à Marie-Anne Guefchwindt, veuve Jantet,
pour *idem*, la fomme de cent livres, ci 100

Plus, à Charles Zefinger de Blotzheim, pour différentes guérifons par lui faites de hernies & defcentes,
& en récompenfe de fon défintéreffement, la fomme
de cent cinquante livres, ci 150

Plus, à Henri Schupp, de Sierenz, par forme de gratification, & pour indemnité de la perte du temps qu'il
offre d'employer pour inftruire un de fes fils dans l'art
de connoître les maladies des bêtes à cornes, d'arrêter les maladies épizootiques & autres, la fomme
de cent vingt livres, ci 120

Plus, au fieur Petit, commis principal au Bureau
foreftal de l'Adminiftration provinciale d'Alface, pour
débourfés par lui faits dans différentes commiffions
dont il a été chargé par la Commiffion intermédiaire, à Dalhunden & dans le Béwald, la fomme de
cent trente-huit livres, feize fous, ci 138 16

Plus, à M. le Baron de Schauenbourg d'Herlis-
heim, Procureur-fyndic-provincial, pour reftitution,
ayant été induement impofé dans le rôle de la capitation de la Nobleffe de la haute Alface, étant déjà
compris, en fa qualité de Confeiller-chevalier-d'hon-
neur-d'épée, dans celui du Confeil, la fomme de   6,375 9

	Liv.	S.	D.

Ci - contre 6,375   9

mille foixante-treize livres, quatre fous, quatre deniers
& demi, ci (*a*) 1,073   4 $4\frac{1}{2}$

Total des différentes autres Indemnités 7,448   13 $4\frac{1}{2}$

TRAITEMENS ET GRATIFICATIONS.

Payé au fieur Pronzal, pour fes appointemens de
l'année entière, en qualité d'Infpecteur des îles & redoutes du Rhin, la fomme de trois cents livres, ci .   300

Plus, au fieur Weyh, pour *idem*, la fomme de trois
cents livres, ci   300

Plus, au fieur Chamberon, pour *idem*, la fomme
de trois cents liv., ci   300

Plus, au fieur Thévenin, pour *idem*, la fomme
de trois cents livres, ci   300

Plus, au fieur Kœringer, pour *idem*, la fomme
de trois cents livres, ci   300

Plus, pour l'entretien de la brigade de la Maréchauffée, à Münfter, la fomme de trois mille trente livres,
ci (*b*)   3,030

Plus, au fieur Bouvard, pour traitement à lui fixé,   4,530

(*a*) Cette fomme auroit dû être imputée fur les excédens de la capitation.

(*b*) La province, qui paie annuellement la fomme de 65,643 liv. pour l'entretien de la
Maréchauffée, feroit fondée à demander que cette dépenfe, qui vraifemblablement a été mife
abufivement à fa charge, fût fupportée par le tréfor royal.

	Liv.	S.	D.

De l'autre part 4,530

en qualité de Secrétaire de M. le Commandant en fecond de la province, la fomme de fix cents livres, ci (*a*) .   600

Plus, au nommé Jacob Bernard, employé aux jardins du Commandement, tant pour fes gages de dix-neuf mois, à raifon de deux cent cinquante l. par an, que pour d'autres objets, fervans à la culture defdits jardins, la fomme de quatre cent foixante-dix-neuf l., ci.   479

Plus, à M. de la Galaizière, pour lui tenir lieu des frais de pofte pendant l'année, la fomme de quatre mille livres, ci (*b*)   4,000

Plus, à M. de Barth, Grand-bailli de la préfecture royale de Haguenau, pour fon traitement attribué à fa place de Prévôt-général des fiefs en Alface, la fomme de fix mille livres, ci (*c*)   6,000

Plus, à Mlle. Lechaffeur, de Séleftatt, pour la penfion à elle affurée par M. l'Intendant & fes prédéceffeurs, la fomme de fix cents livres, ci (*d*) .   600

Plus, à Mad. la veuve Authon, pour la penfion de quatre-vingt-feize livres par an, à elle affurée par feu M. de Blair, ainfi que pour les arrérages de l'année   16,209

(*a*) Cette gratification étoit autrefois affignée fur les excédens.
(*b*) Cette dépenfe n'aura probablement plus lieu à l'avenir.
(*c*) Ce traitement a été fupprimé à compter de la préfente année. Voyez *Précis*, pag. 41.
(*d*) Cet article fe payoit fur les excédens.

	Liv.	S.	D.
Ci - contre	16,209		

entière 1787, la somme de cent quatre-vingt-douze
livres, ci (*a*) 192

Plus, à M. l'Intendant, pour le traitement de ses
bureaux, la somme de six mille livres, ci (*b*) 6,000

TOTAL des Traitemens & gratifications, vingt-deux
mille quatre cent une livres, ci 22,401

RÉCAPITULATION.

	Liv.	S.	D.
ÉPIS DU RHIN	148,829	12	7
PONTS ET PONTCEAUX . . .	13,487	9	
BATIMENS.	6,246	17	5
LOGEMENS ET USTENSILES .	16,342	11	8
TIRAGE DE LA MILICE . . .	3,990		
DÉLIMITATION DU COURS DU RHIN . .	6,515	15	
CHAMBRES DES CONSULTATIONS .	5,800		
PÉPINIÈRES	1,590		
POLICE DES GRAINS.	5,402	14	8
	208,205		4

(*a*) Cet article se payoit sur les excédens.

(*d*) Par une décision du Ministre, M. l'Intendant a été autorisé à percevoir cette somme
sur le montant des excédens, pour supplément à ses frais de bureaux, pour l'année 1788
seulement, & sans tirer à conséquence pour la suite.

	Liv.	S.	D.
De l'autre part.	208,205		4
INDEMNITÉS POUR CAUSES D'INCENDIES .	9,234	14	
AUTRES INDEMNITÉS	7,448	13	$4\frac{1}{2}$
TRAITEMENS ET GRATIFICATIONS.	22,401		
TOTAL . . .	247,289	7	$8\frac{1}{2}$

Déduifant de cette fomme le montant des excédens
des vingtièmes, de. . . 18,547 liv. 19 f. 4 den.
    Ceux de la capitation, de 24,264 liv.

        42,811   19   4   ci 42,811 19   4

                      RESTE 204,477   8 $4\frac{1}{2}$

Ajoutant à cette fomme les intérêts de dix-huit mois,
alloués aux Receveurs des finances, à raifon de cinq
pour cent par an , pour leurs avances. . . . . . . 15,335 16 $1\frac{1}{2}$

              TOTAL . . . 219,813   4   6

    Il réfulte la fomme de deux cent dix-neuf mille huit cent treize
livres, quatre fous, fix deniers, formant le montant de celle impofée en
la préfente année.

    Si les frais communs généraux ont éprouvé une diminution très-
confidérable , les frais communs particuliers des bailliages fe trouvent dans le même cas. Ceux de la préfente année ne fe montent
qu'à 148,394 liv. y compris une fomme de 71 , 406 liv. impofée fur
le comté de Hanau , pour le mettre à même d'amortir peu à peu les
dettes qu'il avoit été obligé de contracter. Elles s'étoient élevées à la
fomme de 131, 406 liv. & avoient été faites pour payer différens travaux
publics exécutés dans fon reffort, & peu calculés fur fes moyens. La
Commiffion intermédiaire crut devoir venir à fon fecours ; elle lui
                                rembourfa

rembourſa une ſomme de 40,000 liv. ſur celle de 81,706 10 ſ. qu'il avoit avancée pour la continuation de la nouvelle route du Kaesberg (*a*), & elle porta l'impoſition de la préſente année à 71,406 liv., en laiſſant toutefois à la Chambre des finances, la liberté de prolonger d'un an les délais accordés aux contribuables, dans le cas où l'acquittement d'une ſomme auſſi conſidérable, dans une ſeule année, pût excéder leurs facultés ; de ſorte qu'en 1790, il ne reſtera que 20, 000 liv. à ajouter aux modiques dépenſes de l'année courante, pour le libérer entièrement.

Viennent maintenant les objets retirés de l'impoſition des fourrages, qui, en 1788, ont donné matière à une impoſition acceſſoire aux frais communs généraux, de 288,634 liv. 13 ſ. 1 den. Cette ſomme faiſoit le montant de deux états particuliers : l'un, de 176, 085 liv., comprenoit tous les traitemens & penſions affectés ſur les fourrages ; & l'autre, de 112,549 liv. 13 ſ. 1 den., étoit compoſé de la ſomme de 60,000 liv., impoſée pour faire face aux frais du haras, & de quelques autres ſommes deſtinées à acquitter des objets abſolument étrangers aux fourrages.

La Commiſſion intermédiaire croit devoir donner à ſes concitoyens le détail de ces deux états, afin qu'ils puiſſent d'autant mieux apprécier les motifs qui l'ont déterminée à ne pas impoſer en l'année courante l'équivalent des objets qu'ils contiennent.

(*a*) Ces travaux ayant été ſuſpendus en 1786, faute de fonds, la Chambre des finances de Bouxwiller obtint de M. l'Intendant l'autoriſation d'emprunter 60,000 liv., & d'appliquer cette ſomme à l'acquittement de cette nouvelle route, qui tourne particulièrement à l'avantage du comté de Hanau. M. l'Intendant promit le rembourſement ſucceſſif de ces avances, que la Chambre des finances fit monter juſqu'à 81,706 liv. 10 ſ. Mais les inſtructions adreſſées par M. le Contrôleur-général à l'Aſſemblée provinciale, portant que les paiemens de tous les travaux des routes devoient être répartis d'après l'intérêt plus ou moins direct qu'y prennent les communautés, les diſtricts ou la province ; la Commiſſion intermédiaire crut devoir cottiſer particulièrement le comté de Hanau pour cette nouvelle route : elle fixa ſa quotepart pour les travaux exécutés, à 41,706 liv. 10 ſ., & ne lui rembourſa par conſéquent que 40,000 liv., en réſervant à l'Aſſemblée provinciale de déterminer ſa contribution pour les travaux qui reſtent à exécuter. Ces 40,000 l. ayant été payées ſur les frais communs généraux de la préſente année, elles paroîtront ſur le compte qui en ſera rendu en 1790.

PREMIER ÉTAT,

Montant à 176,085 liv., des dépenses qui ont été retranchées du bordereau de l'imposition des fourrages d'Alsace en l'année 1788, pour être imposées en ladite année, avec la somme destinée au remboursement des frais communs généraux qui ont eu lieu pendant l'année 1787, au paiement desquelles le Roi s'est chargé de pourvoir, à compter de l'année 1789, en conséquence de la proposition faite par l'Assemblée provinciale d'Alsace, & agréée par Sa Majesté (a).

SAVOIR:

Pour cent rations de fourrages par jour, à 15 f. l'une, accordées pendant l'année à M. le Maréchal de Contades, la somme de   27,375

Plus, pour la gratification annuelle accordée à M. le Maréchal de Contades, la somme de   20,000

Pour soixante rations de fourrages par jour, à 20 f. l'une, accordées à M. le Marquis de la Salle, Lieutenant-général, Commandant en second dans la province, la somme de . .   21,900

Pour soixante rations de fourrages par jour, accordées à M. de la Galaizière, Intendant de la province, lesquelles sont fixées à 20 f. l'une, attendu qu'elles sont considérées comme un traitement en argent, la somme de   21,900

            91,175

Liv.

(a) Ces pensions & traitemens devoient être mis à la charge du trésor royal, en raison du nouvel abonnement des vingtièmes, que la Commission intermédiaire avoit obtenu, mais qui n'a pas eu son exécution. Voyez *Précis*, pag. 28 & suiv.

Ci - contre 91,175

Pour la gratification qu'il eſt d'uſage d'accorder aux Subdé-
légués de la province, la ſomme de 11,000

Pour les fourrages accordés, à raiſon de 20 ſ. la ration,
pendant l'année, au ſieur Doyen, Subdélégué-général de
l'Intendance, ſur le pied de douze rations par jour, la
ſomme de 4,380

Pour la gratification annuelle accordée à Madame de Boug,
veuve du premier Préſident au Conſeil ſouverain d'Alſace,
dont 500 liv. ſont réverſibles après ſa mort à chacune de ſes
quatre filles, la ſomme de 5,000

Pour la gratification annuelle de 5, 000 liv. & ſupplément
de logement de 2,000 liv., accordées à **M.** le Baron de Spon,
premier Préſident du Conſeil ſouverain d'Alſace, la ſomme de 7,000

Pour ſupplément de traitement accordé à **M.** Herrmann,
Procureur-général du Conſeil ſouverain d'Alſace, dont le traitement n'eſt fixé à ce jour qu'à la ſomme de 6, 000 liv., & ce
pour le dédommager des ſacrifices qu'il a faits de différens
emplois qui lui produiſoient un revenu annuel de 12 mille
liv.; ledit traitement pour ceſſer totalement dans le cas où
les gages du Procureur-général ſe trouveroient portés juſqu'à
la concurrence deſdites 12,000 liv., & de même être diminué par proportion aux augmentations qui pourroient avoir
lieu, quand même elles ne porteroient pas ledit traitement
juſqu'auxdites 12,000 liv., & à condition que cette grâce
ne pourra, en aucune circonſtance, faire titre de prétention
pour le ſucceſſeur audit office de Procureur-général, la
ſomme de 6,000

Pour la penſion de retraite accordée à **M.** Neef, ci-devant 124,555

Liv.

De l'autre part 124,555

Procureur-général du Conseil souverain d'Alsace, dont 2,000 l. réversibles à sa femme en cas de décès, sans que cette grâce puisse faire titre de prétention par la suite en faveur des pourvus de semblables offices, en cas de démission ou de mort, la somme de 4,000

Pour la gratification annuelle accordée à Madame de Blair, veuve de l'Intendant d'Alsace, la somme de 4,000

Pour la gratification annuelle accordée à Mademoiselle Marie-Catherine de Blair, la somme de 2,000

Pour la gratification annuelle accordée à M. Baron d'Autigny, ci-devant Préteur royal de la ville de Strasbourg, sans que cette grâce puisse tirer à conséquence pour les successeurs audit office, la somme de 4,000

Pour le traitement accordé par année aux sieurs Baudouin & Gau, leur vie durant ; savoir : au premier, 1, 500 liv., & au second, 500 liv., à titre de dédommagement de la perte qu'ils ont éprouvée par la suppression de leurs charges de Commissaires provinciaux des guerres, la somme de . . . 2,000

Pour représenter la gratification dont jouit M. de Lort, ci-devant Lieutenant de Roi à Strasbourg, sans tirer à conséquence pour celui qui lui succèdera, la somme de . . . 3,000

Pour les appointemens du sieur Papelier, chargé de la garde des archives d'Enfisheim, deposées à l'Intendance, la somme de 1,200

Pour le traitement annuel accordé à Madame la Comtesse douairière de Waldner, la somme de 8,000

152,755

Ci-contre 152,755

Pour la penfion accordée à M. le Comte d'Andlau, Meftre-de-camp commandant du régiment Royal Lorraine, cavalerie, tant en confidération de fes fervices, que de ceux de feu M. fon père; laquelle penfion ceffera d'avoir lieu du moment que M. le comte d'Andlau entrera en jouiffance d'un fief de même valeur qui vaquera dans cette province, à la nomination de Sa Majefté, & dont elle lui a affuré l'expectative, la fomme de   10,000

Pour la gratification annuelle accordée à M. le Baron de Flachslanden, Maréchal-de-camp, employé dans la province, la fomme de 4,000

Pour la penfion accordée aux deux filles de feu le fieur Baudouin, Commiffaire provincial & ordonnateur, à raifon de 600 liv. à chacune, la fomme de 1,200

Pour les appointemens du Secrétaire interprète de l'Intendance, la fomme de 200

Pour les appointemens des quatre gardes établis pour veiller à la confervation du canal du Neuf-Brifack, dont trois fur le pied de 100 liv. à chacun, & le quatrième fur le pied de 150 liv., la fomme de 450

Pour la gratification annuelle accordée au fieur Bettinger, en confidération de fes fervices, comme ancien caiffier de l'impofition, la fomme de 1,200

Pour les appointemens & fourrages de M. le Baron de Landsperg, Infpecteur général des îles & redoutes du Rhin, la fomme de 5,190

174,995

Liv.

De l'autre part 174,995

Pour les fourrages pendant l'année, des fieurs Barbier &
Gavilliers, Infpecteurs des lignes de la Qweich, & des fieurs
Robert & Pontceau, Infpecteurs des lignes de la Louter, la
fomme de 1,090

T O T A L   . .   176,085

Fait au Confeil d'État du Roi, Sa Majefté y étant, tenu à Verfailles le
trente Juin 1788.

Signé DE LOMENIE C.^{TE} DE BRIENNE.

LA COMMISSION INTERMÉDIAIRE, en adreffant au Miniftre
l'état des frais communs généraux impofés en la préfente année, lui
a repréfenté combien ces grâces multipliées étoient onéreufes à la province, & qu'il feroit peu jufte de les lui faire fupporter plus long-temps.
Quoiqu'elle n'ait encore reçu aucune réponfe pofitive, elle a lieu de
fe flatter qu'il a accueilli fes réclamations, puifque ces fommes n'ont
pas été comprifes dans l'arrêt qui lui a été expédié pour les frais communs généraux ; & la province doit efpérer que tous fes efforts tour-
neront à l'avenir directement au foulagement de l'État, & qu'elle ne
fe verra plus expofée à des charges que la faveur feule obtenoit.

SECOND ÉTAT,

Contenant les dépenses retranchées, en 1788, du bordereau de l'imposition des fourrages d'Alsace, pour être imposées avec la somme destinée au paiement des frais communs généraux de ladite province.

SAVOIR:

	Liv.	S.	D.
Pour les appointemens de trois démonstrateurs des amphithéâtres d'anatomie, établis à Colmar, Huningue & Weissembourg, la somme de (a)	1,800		
Pour le logement, à la décharge de la ville du Fort-Louis, de trois Officiers de l'État-Major, du Commissaire de guerres & de l'Ingénieur, la somme de (b)	1,450		
Pour les indemnités dues à différens particuliers de la ville de Weissembourg, pour la valeur des maisons & terrains anciennement incorporés dans les fortifications de cette ville, montant à 103,511 liv., 17 s., dont le remboursement se fera en six termes égaux, le sixième & dernier à compte de (c)	17,251	19	6

Pour l'entretien de soixante étalons royaux, le paiement des appointemens du Directeur du haras, y compris la somme de 4,000 liv. d'augmentation qui lui a été accordée, la continuation de l'emplète de cent belles jumens qu'il a été décidé qu'on répartiroit dans les

	Liv.	S.	D.
	20,501	19	6

(a) Ces appointemens se paient actuellement sur les frais communs généraux.

(b) On portera également ces objets sur l'état des frais communs généraux.

(c) Cet objet, étant liquidé, ne doit plus reparoître à l'avenir.

Liv. S. D.

De l'autre part 20,501 19 6
meilleurs cantons de la province , les achats de chevaux
de remplacement & de tous les équipages néceſſaires ; y
compris auſſi 6,200 liv. pour le paiement des gratifications accordées aux 150 gardes étalons provinciaux ;
la ſomme de (*a*) 60,000

Pour les ouvrages ordonnés aux épis du Rhin par la
lettre de M. le Maréchal de Ségur , eſtimés , en 1787,
80,095 liv., 7ſ., 3.d., dont 48,047 liv. 13 ſ. 7. d. devoient
être acquittés en ladite année 1787 ; la ſomme de (*b*) 32,047 13 7

TOTAL . . 112,549 13 1

Fait au Conſeil d'État du Roi, Sa Majeſté y étant, tenu à Verſailles
le 30 Juin 1788. *Signé* DE LOMENIE C.^{TE} DE BRIENNE.

ON voit donc quelles ſont les raiſons pour leſquelles la Commiſſion
intermédiaire n'a point joint au bordereau des frais communs généraux
l'équivalent des ſommes impoſées en 1788 , ſous la dénomination
d'objets retirés de l'impoſition des fourrages , puiſqu'elle réclame contre
le contenu du premier état, & que celui du ſecond ſera dorénavant

---

(*a*) La Commiſſion intermédiaire s'eſt décidée à ſupprimer l'établiſſement du haras,
comme onéreux à la province; & elle n'a fait en cela que ſe conformer au vœu de l'Aſſemblée provinciale & des Aſſemblées de diſtricts. Les ſommes deſtinées dorénavant à l'amé-
lioration des belles races dans la province , ſeront priſes ſur les frais communs généraux ;
& elle ſe flatte d'obtenir de plus grands ſuccès, en réduiſant infiniment la dépenſe.

Les 60,000 liv., impoſées en 1788, ont ſuffi aux frais du haras, juſqu'à l'époque où la
Commiſſion intermédiaire a fait diſtribuer, à des cultivateurs aiſés, la majeure partie des
étalons , & fait vendre ceux qui ne pouvoient pas leur convenir. Elle donnera le compte
de l'emploi de cette ſomme, en publiant l'état des frais communs généraux de cette année,
qui s'impoſeront l'année prochaine.

(*b*) Cet objet étant ſoldé, n'eſt pas de nature à reparoître par la ſuite.

payé

payé, pour les parties qui continueront d'être acquittées, fur les frais communs généraux.

Les frais d'adminiftration font une nouvelle impofition. La Commiffion intermédiaire en a déjà publié l'état.

Enfin, en raifon de ce que le montant des impofitions a diminué, celui des deniers de taxation pour les Baillis de département & les Receveurs généraux & particuliers des finances, ont auffi été réduits ; de forte qu'après avoir été en 1788, de 175,007 liv. 2 f. 9⅕ d., ils ne fe trouvent en l'année courante que de 135,381 liv. 10 f. 6⅕ d.

On peut donc former le fecond état de comparaifon, pour les impofitions variables, comme il fuit :

TABLEAU comparatif des impofitions variables de la province d'Alface, des années 1788 & 1789.

	ANNÉE 1788.			ANNÉE 1789.		
	Liv.	*S.*	*D.*	*Liv.*	*S.*	*D.*
CORVÉE repréfentative	649,001	5	8	360,556	5	4
Frais communs généraux	561,747	14		219,813	4	
Objets retirés de l'impofition des fourrages, & portés fur l'état des frais communs généraux . . .	288,634	13	1			
Frais communs particuliers des Baillages	219,840	15		148,394		
Frais d'adminiftration				127,307	2	
Taxations aux Receveurs des finances, & aux Collecteurs ou Prépofés au recouvrement. . . .	175,007	2	9⅕	135,381	10	6⅕
TOTAL des impofitions variables. .	1,894,231	10	6⅕	991,452	1	10⅕
Impofitions variables de l'année courante.	991,452	1	10⅕			
Moins impofé en 1789.	902,779	8	8			

RÉCAPITULONS maintenant, & l'on verra :

Que les impofitions fixes ont éprouvé, en l'année *Liv.* *S.* *D:*
1789, une diminution de 263,836
Que les impofitions variables font réduites de 902,779 8 8

TOTAL . . . 1,166,615 8 8

La province éprouve donc une décharge réelle d'impofition, de la fomme d'un million cent foixante-fix mille fix cent quinze livres, huit fous, huit deniers.

Eft-elle due aux foins de la Commiffion intermédiaire ? C'eft ce que le public impartial faura apprécier.

La Commiffion intermédiaire n'oppofera que le tableau rapide qu'elle vient de tracer, à toutes les calomnies imprimées que des gens intéreffés à éloigner le rétabliffement de l'ordre, ont diftribué contre elle & contre fes opérations.

Elle pourroit s'étendre encore fur les avantages particuliers que les Communautés ont retirés de fes travaux, par la furveillance active qu'elle a exercée fur toutes leurs dépenfes, & par les foins qu'elle a pris pour éviter la déprédation de leurs revenus ; mais cette difcuffion étant étrangère à fon objet actuel, elle fe réferve de mettre fous les yeux de la prochaine Affemblée de la province les difpofitions qu'elle a cru devoir faire à ce fujet.

PAR LA COMMISSION INTERMÉDIAIRE
PROVINCIALE D'ALSACE,

HOFFMANN,
Secrétaire provincial adj.